AF595234

SOCIÉTÉ DES INGÉNIEURS CIVILS DE FRANCE

(Extrait du Procès-verbal de la Séance du 15 Janvier 1926)

I

DISCOURS

DE

M. G. HERSENT

PRÉSIDENT SORTANT

II

DISCOURS

DE

M. L. BACLÉ

PRÉSIDENT POUR 1926

HISTORIQUE DE LA FABRICATION DES BLINDAGES DE NAVIRES

III

DISCOURS DE M. L. BACLÉ A LA SÉANCE CONSACRÉE A SADI CARNOT

HOTEL DE LA SOCIÉTÉ

19, rue Blanche, Paris (9e)

1926

HISTORIQUE DE LA FABRICATION

DES

BLINDAGES DE NAVIRES

SOCIÉTÉ

DES

INGÉNIEURS CIVILS DE FRANCE

19, rue Blanche, Paris (9e)

TÉLÉPHONE : TRUDAINE 66-36. ADRESSE TÉLÉGRAPHIQUE : INGÉCIVILS-PARIS

Compte chèques postaux 8990, Bureau de Paris.

EXTRAIT DU PROCÈS-VERBAL

DE LA

SÉANCE DU 15 JANVIER 1926

I

Présidence de M. G. Hersent, Président.

La séance est ouverte à 20 h. 30.

M. G. Hersent, Président sortant, prend la parole et prononce le discours suivant :

Mes Chers Collègues,

Il est d'usage de consacrer la première séance de chaque année à la présentation d'un rapport moral sur la situation de notre Société, rappelant les faits marquants qui se sont produits pendant l'exercice précédent, ainsi que les travaux qui ont été accomplis, et de procéder ensuite à la transmission des pouvoirs présidentiels, ce qui donne lieu à deux discours : celui du Président sortant et celui du récipiendaire. Toutefois, pour ma part, je n'ai pas la prétention d'abuser de vos instants, sachant combien vous êtes impatients d'entendre et d'applaudir le discours de votre nouveau président, M. Baclé.

Je me garderai aussi de trop insister sur les éloges que j'adresserai à mon éminent successeur, car vous le connaissez tous et en le désignant, vous l'avez hautement apprécié comme il méritait de l'être.

Après vous avoir remerciés de votre présence en très grand nombre à cette réunion, ainsi que de votre assiduité et de vos travaux pendant l'année trop courte où j'ai eu la charge si flatteuse de présider vos séances et vos délibérations, je dois tout d'abord un sincère et douloureux hommage à ceux qui, au nombre de soixante-quatorze, nous ont quittés cette année, après une vie active et laborieuse, pour entrer enfin dans le grand repos. Il serait trop long de les nommer tous, — mais nous garderons pieusement leur souvenir et la reconnaissance de tous ceux qui travaillent et qui pensent leur est désormais acquise pour toujours.

Permettez-moi, cependant, de rappeler plus particulièrement certains d'entre eux :

Nulle carrière n'a été mieux remplie que celle de M. Léon Appert, chef de la grande Maison qui porte son nom et dont les procédés ont fait réaliser à l'Industrie du Verre de si remarquables progrès. Après avoir été Président de notre Société en 1895, il avait été élevé à la Présidence d'honneur en 1924, pour y remplacer en cette qualité le regretté M. Eiffel. Il était aussi Président de la Chambre Syndicale des Verreries de France et était Officier de la Légion d'honneur. L'amour de la science et du travail, joint à sa grande affabilité, ont fait de Léon Appert l'homme que vous avez connu et dont la vie peut être donnée comme un exemple.

Citons encore :

Charles Rabut, ancien Élève de l'Ecole Polytechnique, Inspecteur général des Ponts et Chaussées et Officier de la Légion d'honneur. C'était un spécialiste en matière d'hydraulique. Il avait été Membre du Comité de la Société de 1913 à 1919.

Henry Wordingham, Président d'honneur de notre Section Britannique, dont il était aussi le fondateur. C'est grâce aux sentiments qu'il professait pour notre pays que cette section a pu prospérer et prendre le développement que vous connaissez.

Gustave Pereire, Membre de la Société depuis 1880, était Administrateur des Compagnies de Chemins de fer du Nord et du Nord de l'Espagne, ainsi que de beaucoup d'autres Sociétés. Il était l'un des descendants des grands Pereire qui furent, vers le milieu du XIXe siècle, les propagandistes de l'invention des chemins de fer.

Georges Vitali, Membre de la Société depuis 1901, était Président-Directeur de la Régie générale de Chemins de fer et de Travaux publics. Son activité s'était très largement exercée en Turquie et dans tout le Proche-Orient et l'influence française en fut très augmentée.

* * *

Pendant l'exercice écoulé, l'effectif des membres de notre Société est passé de 4 690 en novembre 1924, à 4 890 en novembre 1925. Ainsi que le constate le rapport financier présenté à la séance du 18 décembre dernier, les admissions du 1er décembre 1924 au 30 novembre 1925, se sont élevées au chiffre de 319, compensées en partie par 119 radiations.

En résumé, nous comptons actuellement :

19 membres d'honneur,
21 membres bienfaiteurs,
4 324 membres sociétaires,
526 membres associés.

Soit : 4 890 membres.

Nous avons en plus des Groupements étrangers et des Sociétés affiliées en Angleterre (environ 150 membres), en Amérique (environ 50 membres), en Belgique (environ 50 membres), en Pologne (123 membres), représentant presque 300 membres au total.

Parmi les membres auxquels revient la plus grande part de mérite pour avoir su réaliser ces affiliations, je citerai MM. Wordingham, Gueritte et Legros pour l'Angleterre, Lambert pour la Belgique, Dumaine et Ingouf pour les États-Unis, de Kislansky et Zawadzki pour la Pologne. D'autres affiliations sont déjà en préparation en Tchécoslovaquie, en Grèce, etc.

J'adresse à tous ces Collègues, qui nous ont si bien servis à l'étranger, tous nos remerciements et notre plus cordial souvenir.

Comme nous venons de le voir, la situation de la Société des Ingénieurs civils de France apparaît à tous égards comme satisfaisante, si l'on tient compte des difficultés de l'heure présente et nous sommes heureux de constater qu'elle continue à occuper une place privilégiée parmi les forces intellectuelles du pays.

Pour qui en douterait, il me suffirait de rappeler les distinctions dont plusieurs de nos Collègues ont été l'objet :

6 membres de la Société ont été faits Commandeurs de la Légion d'Honneur;

5 membres de la Société ont été faits Officiers de la Légion d'Honneur;

41 membres de la Société ont été faits Chevaliers de la Légion d'Honneur;

3 membres de la Société ont été faits Officiers de l'Instruction Publique;

3 membres de la Société ont été faits Officiers d'Académie;

2 membres de la Société ont été faits Chevaliers du Mérite Agricole.

En outre, deux de nos Collègues ont reçu la médaille d'or et la médaille d'argent de la Prévoyance sociale et 12 de nos membres ont été l'objet de distinctions étrangères, depuis le grade de Chevalier jusqu'à la dignité de Grand-Officier de différents Ordres.

Ce bilan, déjà très important, ne serait cependant pas complet sous cette forme, car nous avons eu à enregistrer d'autres nominations qui font le plus grand honneur à notre Société :

MM. Georges Claude et Guillet, nommés membres de l'Académie des Sciences, respectivement les 9 janvier et 9 juin 1925.

Le nombre de nos Collègues, membres de l'Institut, est ainsi aujourd'hui de 11, chiffre qui n'avait pas encore été atteint et dont notre Société ne peut que se glorifier. Les progrès dans les Sciences et surtout dans les Sciences appliquées sont, en effet, en grande partie, l'œuvre de nos Collègues.

Ajoutons que MM. Paul Bodin et Suss ont été nommés membres du Conseil Supérieur des Travaux Publics (2 avril 1925).

MM. Fonty et Héranger, délégués à la Mission économique française du Japon (Mission Ader, le 23 janvier).

MM. Charles Baron, Loucheur, Laurain, Mariage, membres du Conseil d'Administration de l'Office National des Combustibles liquides (27 février).

MM. Daniel Berthelot et Le Chatelier, Vice-Présidents et MM. d'Arsonval, Charpy, Kœnigs, Rateau, Taillefer, Ferrus, Peridier, Pérard, Auclair, Lumet, membres du Comité scientifique du Pétrole et des Combustibles liquides (27 février).

M. Herdner, membre d'honneur de l'Association régionale des Ingénieurs d'Alsace et de Lorraine (27 février).

MM. Henri Gall et Hyppolite Portevin, délégués de la Société au Congrès de l'Association française pour l'avancement des Sciences (2 avril 1925).

M. Janet, délégué de la Société à la Conférence Internationale pour l'emploi de l'Espéranto dans les Sciences pures et appliquées (24 avril).

MM. Louis Mercier et Guillet, membres d'honneur de l'Association des Ingénieurs de l'École des Mines de Mons (12 juin).

Le Président de la Société des Ingénieurs Civils et M. Bechmann, membres de la Commission d'aménagement et d'extension du département de la Seine (23 janvier).

D'autre part et suivant une tradition ancienne, nous avons décerné, en 1925, les prix suivants :

Prix Annuel . . . . à M. Lumet.
Prix Michel Alcan . . . . à M. Chaplet.
Prix H. Hersent . . . . à M. Michel-Schmidt.
Prix H. Chevalier . . . . à M. André Mariage.
Prix Colombet . . . . à M. Freyssinet.
Prix Coiseau . . . . à M. Audebeau Bey.
Prix Coignet . . . . à M. Dozoul.
Prix Aucel . . . . à M. Mousset.
Bourse Eiffel . . . . à M. de Fleury.

En outre, plusieurs membres ont reçu des prix de l'Académie ou de Sociétés savantes, tels :

MM. Foillard, un des prix Plumet; Chevenard, prix Houzeau et médaille Berthelot; Bidou, prix du fond Bouchard de l'Académie des Sciences.

MM. Prache et Bouillon, grande médaille d'or; Freyssinet, prix Elphège Baude; Fieux, G. Marié, Guillou, Ch. Berthelot, médaille d'or, et de Coulons, médaille d'argent de la Société d'Encouragement pour l'Industrie Nationale.

M. Jannin, prix Jean Barès de l'Office National des Recherches et Inventions.

M. Marcel Portevin, prix du concours pour la construction de l'hôpital de Privas.

M. Surveyer, prix du Ministère des Travaux Publics du Canada, pour un pont sur les Montgommery-falls.

Notre Société a reçu, en 1925, divers dons et legs s'élevant à 8 968 fr et je dois, à cette occasion, vous exprimer combien il serait désirable que, dans l'avenir, les dons et legs soient faits autant que possible sans affectation à des prix, mais de telle sorte que nous puissions en disposer pour un fonds de secours pour nos Collègues ou leurs familles dans l'adversité, ou pour des missions à l'étranger de jeunes Ingénieurs.

Je suis heureux de constater que notre activité ne s'est pas ralentie en 1925. La publication de notre bulletin est là pour en témoigner.

Nous avons tenu 21 séances, dont quatre supplémentaires l'après-midi. Ces dernières constituaient un essai que nous avons voulu tenter, mais auquel nous serons, je crois, contraints de renoncer, les occupations de nos membres leur permettant difficilement d'y assister.

En dehors de ces séances régulières, nous avons tenu des séances spéciales, tant au Siège social, qu'à l'extérieur, notamment :

Une séance à l'Association des Ingénieurs français à Bruxelles, le 7 mars, suivie d'une conférence de M. Le Trocquer sur la situation économique de l'Europe. C'est lors de cette réunion que l'affiliation de cette Association à notre Société a été rendue définitive;

Une séance du 19 juin, pour une communication de M. Santo Semo sur la Babylonie;

Une séance du 23 mai, pour la réception d'une délégation des Ingénieurs de l'École des Mines de Mons ;

Une réception de la délégation des Ingénieurs Tchécoslovaques, le 12 août ;

Un dîner offert aux excursionnistes d'Alsace et de Lorraine, le 12 novembre.

Vous n'ignorez pas que nous avons préparé, pour le 20 janvier courant, une séance spéciale à laquelle assistera M. le Président de la République, pour la commémoration du centenaire de la publication par Sadi Carnot des « Réflexions sur la puissance motrice du feu ». MM. Daniel Berthelot et Le Chatelier, Membres de l'Institut, rappelleront, à cette occasion, l'œuvre considérable entrevue, il y a un siècle, par la science française en la personne du fils de Lazare Carnot.

Avant de passer à l'énumération des plus importantes questions auxquelles sont consacrées nos réunions ordinaires, je dois faire mention du voyage si intéressant accompli en juillet par les membres de la Société et au cours duquel ils ont reçu de si chaleureux accueils et de si touchantes marques d'estime.

Le compte rendu de ce voyage a été fait par MM. Guiselin, Petitjean, Jouassain, H. Portevin, Cornette de Venancourt et Deramat. Il expose très complètement les visites faites aux œuvres sociales de MM. Michelin ; aux Établissements Monteux, de Limoges ; Conchon-Quinette, de Clermont-Ferrand ; aux Moulins de la Saigne ; aux Installations de la Société des Forces motrices de la Vienne ; aux Usines de la Société hydro-électrique du Palais ; au chantier de la nouvelle gare de Limoges ; à la Mégisserie Desselas ; à la Mine d'or de Chéni ; à l'Usine des Farges ; aux Carrières de Volvic ; à la Taillerie de Royat, etc.

Ces voyages annuels, auxquels je ne saurais trop vous inviter à participer très largement, sont non seulement des voyages d'étude très fructueux en eux-mêmes, mais ils sont aussi une source de relations fécondes pour beaucoup de nos collègues et un stimulant au maintien de l'esprit de camaraderie si nécessaire dans une Société comme la nôtre.

Passant maintenant à l'examen des nombreuses questions étudiées par les sections et qui ont fait l'objet de rapports importants et de communications aux séances, nous nous bornerons à rappeler les principaux sujets qui ont été présentés et discutés, ceux dont l'intérêt reste toujours présent et qui figureront encore longtemps sans doute à nos ordres du jour, car elles évoluent constamment avec le progrès industriel et social : nous citerons notamment :

L'étude expérimentale des vitesses critiques des arbres-manivelles, traitée par M. Harlé.

L'application du machinisme et des méthodes industrielles à la construction des habitations, par M. Petitjean.

Le nouveau projet des brevets d'invention, question traitée fort brillamment, par M. Lavoix.

Les doctrines de la relativité, par M. Daniel Berthelot, et les théories modernes relatives à la constitution de la matière, par M. Abraham.

La fabrication du ciment en Amérique, par M. Candlot.

La traction sur voies ferrées par moteurs à combustion interne, par M. Brillié, et les Locomotives à accumulateurs, par M. Milhoud.

L'utilisation des combustibles de qualité inférieure, par M. Charles Berthelot, et les Propriétés physiques et la production de la vapeur d'eau, par M. Roszak.

Les progrès en aviation, par M. L. Breguet.

La production industrielle et l'habileté de l'ouvrier, par M. Legros, et la Rémunération des travaux à la tâche, par M. Androuin ; le Salaire moderne, par M. Bayle.

Les terres du Delta en Égypte, par M. Audebeau Bey.

L'application des moyens mécaniques à l'exploitation des mines, par M. Leroux.

La pierre artificielle, par M. Mège, etc., etc.

Nous nous sommes également occupés de l'important problème du carburant national, pour lequel une Commission spéciale a été nommée. Cette Commission a tenu plusieurs importantes réunions et a élaboré un rapport sur ses premiers travaux. Nous espérons que ce sujet qui importe tant à l'avenir de notre industrie et auquel plusieurs de nos membres s'intéressent à juste titre, trouvera ici, sinon une solution définitive, tout au moins une orientation précieuse pour notre économie nationale, grâce au concours de notre Société.

Voilà, mes chers Collègues, résumé aussi brièvement qu'il est possible, le tableau de l'exercice écoulé. Quant à la situation financière, vous la connaissez par l'exposé qui en a été fait à notre séance du 18 décembre dernier. Je n'y ajouterai rien. Mais, je crois, avec notre dévoué trésorier, que de nouvelles mesures vont s'imposer pour parer aux difficultés suscitées par la dévalorisation du franc. Ce sera l'œuvre du Bureau qui entre en fonctions.

Il me reste, en terminant, à accomplir un devoir bien agréable : celui d'adresser mes félicitations à tous ceux d'entre vous qui ont contribué à porter si haut la renommée et le prestige de la Société et particulièrement à notre éminent Vice-Président de 1925, M. Baclé, à notre Vice-Président pour 1926, M. Janet, qui sera votre Président en 1927 et dont il ne m'appartient pas de faire ici l'éloge, bien que je sois très heureux d'avoir pu contribuer à lui faire accepter ce témoignage de considération et d'estime de tous nos Collègues, — à notre dévoué Trésorier,

M. de Chasseloup-Loubat, qui a donné depuis vingt-huit années tant de preuves de son zèle et de sa compétence, — à tous les membres du Bureau et des Sections et au personnel administratif. Je leur dois à tous et particulièrement à M. Baclé, des remerciements bien cordiaux pour la collaboration si active qu'ils ont donnée à la Société et le dévouement avec lequel ils m'ont permis d'accomplir, presque sans peine, une tâche dont j'appréhendais les difficultés.

Je dois également un souvenir tout spécial à M. de Dax que son état de santé a dû malheureusement éloigner de nous après une collaboration de trente-sept années, en qualité de Secrétaire administratif de la Société, et qui a été remplacé, dans cette fonction, par M. Tony Huber, dont je me fais un plaisir de constater tout le dévouement et l'activité.

Je fais enfin des vœux pour que la prospérité de la Société des Ingénieurs Civils de France aille toujours en croissant; pour que ses adhérents, qui constituent une élite de la grande famille des Ingénieurs, se multiplient toujours davantage et que son influence porte bien haut le génie et la science de nos Ingénieurs, ainsi que leur puissance de réalisation, non seulement en France, mais dans le monde entier.

Se tournant vers M. L. Baclé :

Mon Cher Président,

Avant de vous céder cette place qui est due à vos mérites, permettez-moi de rappeler, en quelques mots, dût votre modestie en souffrir un peu, l'œuvre considérable que vous avez accomplie depuis votre sortie de l'École Polytechnique et de l'École des Mines.

Après vos débuts à la Compagnie des Chemins de Fer du Nord, comme Inspecteur du Matériel, vous vous êtes consacré à la grande industrie métallurgique : d'abord, à la Compagnie de Châtillon-Commentry; puis, chez MM. Marrel, frères et à la Société anonyme qui leur fut substituée. Là, vous vous êtes occupé spécialement des applications de la Métallurgie, branche dans laquelle vous avez acquis une notoriété indiscutée en France comme à l'étranger. Vous avez d'ailleurs été le champion de la fabrication française en dehors de nos frontières et vous avez eu la satisfaction de voir adopter par la Belgique et par l'Italie des tourelles et des plaques de blindage des établissements que vous représentiez en concurrence avec des établissements étrangers qui, auparavant, détenaient pour ainsi dire, le monopole de ces fabrications.

Vous avez été l'un des grands animateurs de la lutte mémorable entre le projectile et la cuirasse, dont le monde entier suivait avec anxiété les péripéties et grâce à l'application de vos procédés, la défense est toujours restée à la hauteur de l'attaque. En vous consacrant à l'application des nouveau procédés de fabrication de blindage, vous avez bien mérité de la Patrie. Tout cela vous a valu la Croix de la Légion d'Honneur en 1893 et la rosette d'Officier en 1910.

En outre, et depuis 1893, vous avez été Administrateur-Délégué de la Société des Usines Franco-Russes, actuellement aux mains du Gouvernement soviétique. Mais votre activité ne s'est pas bornée à ces travaux professionnels. Vous avez largement et puissamment contribué à des œuvres de vulgarisation et de progrès dans différents objets et même en philosophie scientifique. Vous avez collaboré à nombre de revues savantes et fait partie de nombreuses Commissions officielles, et notamment de la Commission des Méthodes d'essai des matériaux de construction, dont vous avez résumé les travaux dans les deux rapports généraux en 1892 et en 1900, et des bureaux des Comités constitués à l'occasion des Expositions de Paris en 1900, de Liége en 1903, de Londres en 1908, de Turin en 1911, etc.

Vous avez présidé en 1906-1907, et de 1912 à 1920, l'Association des Anciens Élèves de l'École des Mines et organisé la célébration du cinquantenaire de cette Association; vous avez pris pendant la guerre l'initiative de démarches tendant à obtenir que ses membres mobilisés reçussent des affectations conformes à leurs spécialités.

Enfin, vous avez été Président de la Société d'Encouragement pour l'Industrie Nationale de 1920 à 1924, et là encore, vous avez eu à organiser la manifestation commémorative du centenaire de ce Groupement, auquel je me fais honneur d'appartenir.

Je ne saurais oublier, parmi votre bagage scientifique, un ouvrage qui vous fait le plus grand honneur : « La vie future devant la sagesse antique et la science moderne », où vous étudiez le problème si troublant et si passionnant de l'âme humaine, ouvrage qui a été traduit en anglais et publié en Angleterre et en Amérique. Grâce au courant d'idées que vous avez répandues et dont les discours que vous avez prononcés au cours de vos diverses présidences sont imprégnés, vous avez contribué à montrer l'importance des découvertes scientifiques et leur influence sur le progrès moral et sur les mœurs de nos contemporains.

Je ne saurais, mon Cher Président, laisser en de meilleures mains l'avenir de la Société et je me félicite d'avoir précédé votre élection, puisque j'ai pu vous connaître plus intimement et être à même d'apprécier vos qualités sérieuses et vos connaissances élevées et puisque cela me procure aujourd'hui, le plaisir de vous adresser ces paroles trop brèves pour vos mérites, mais auxquelles tous nos Collègues s'empresseront, j'en suis sûr de s'associer sans réserves. *(Vifs applaudissements.)*

M. L. Baclé, nouveau Président, après avoir serré la main à M. G. Hersent, Président sortant, prend place au fauteuil et prononce le discours suivant :

Mon Cher Président,

Vous venez de résumer, en les appréciant avec une bienveillance excessive, les divers travaux qui ont marqué les étapes de ma modeste carrière, et, en songeant, d'autre part, à la place éminente que vous occupez dans le génie civil français, je ne saurais vous dire combien je suis touché de la cordiale sympathie ainsi témoignée par le puissant réalisateur que vous êtes au simple théoricien que je suis resté.

Je ressens en même temps toute la difficulté de la tâche qui m'incombe alors qu'il s'agit pour moi de remplacer un président dont le prestige personnel contribuait vraiment à rehausser celui de notre Société, et puisque désormais, cet honneur immérité m'est échu de porter la parole en son nom, je suis certain de traduire la pensée unanime de nos Collègues en vous disant toute la fierté que nous éprouvons de compter dans nos rangs et surtout d'avoir vu à notre tête l'Ingénieur éminent dont le nom est connu et si hautement apprécié dans le monde entier.

Vous avez su en effet réaliser et mener à bonne fin, tant en France que dans les pays étrangers les plus divers, au Portugal, en Belgique, au Maroc, en Afrique Occidentale Française, en Amérique du Sud, ces grands travaux d'utilité publique, comme la construction de bassins de radoub, de jetées à la mer, de ports maritimes, qui transforment la vie économique de toute une grande région.

Ce faisant, vous êtes devenu le meilleur propagateur de l'influence française à l'étranger, montrant ainsi que nos Ingénieurs contemporains savent à leur tour édifier des constructions capables de défier le temps, comme l'ont fait dans le passé les Ingénieurs de la Rome antique, lorsqu'ils multipliaient dans toutes les parties du monde alors connues, ces constructions grandioses dont les ruines encore aujourd'hui debout perpétuent à travers les âges le souvenir majestueux de la puissance du peuple romain et de l'habileté de ses techniciens.

Aussi, en songeant à tout le profit moral et matériel qu'a tiré notre pays de ces grandes entreprises qui ont contribué pour une si large part à accroître encore le prestige du nom français, je ne puis mieux faire que de reprendre aujourd'hui, pour vous l'offrir à votre tour, l'éloge mérité que vous adressiez l'an dernier à cette même place à votre éminent prédécesseur, M. Delloye et qui s'applique à vous avec tant de vérité.

« Ce n'est pas seulement l'industrie des travaux publics dont vous êtes l'un des représentants les mieux qualifiés, c'est le pays tout entier qui doit vous être reconnaissant de votre puissante et féconde activité. »

Je suis heureux de vous en apporter le témoignage au nom de notre Société, organe du Génie civil français, en vous remerciant en même temps de tout ce que vous avez fait au cours de votre présidence pour étendre et accroître l'autorité morale dont elle jouit déjà. *(Vifs applaudissements.)*

Mes Chers Collègues,

Permettez-moi tout d'abord de vous dire la confusion que j'éprouve en venant occuper aujourd'hui le fauteuil présidentiel, alors que je vois parmi vous tant de Collègues éminents qui, par l'éclat des services rendus, seraient beaucoup mieux qualifiés pour un pareil honneur.

Pour succéder à M. G. Hersent, qui porte avec tant d'autorité un nom illustre dans le Génie civil français, vous n'avez pas dédaigné de choisir un modeste Ingénieur, dont la carrière, remontant à plus d'un demi-siècle déjà, est restée confinée dans une branche tout à fait spéciale de la grosse métallurgie; vous avez considéré surtout l'étendue et la continuité de son labeur, la contribution qu'il a apportée d'autre part, ainsi que notre Président voulait bien le rappeler tout à l'heure, dans les études de science appliquée et de philosophie scientifique intéressant les Ingénieurs, et vous ayez tenu enfin à saluer en lui la sœur ainée de notre Société, cette Société d'Encouragement pour l'Industrie Nationale dont il a été récemment le Président.

Je ne saurais vous dire combien je suis fier et honoré que vous avez bien voulu choisir mon nom pour témoigner à nouveau, comme vous l'avez déjà fait une première fois sur le nom de notre éminent collègue M. Gruner, des sentiments de cordiale sympathie qui unissent nos deux grandes Sociétés techniques et je vous en exprime ma profonde gratitude.

Permettez-moi toutefois d'adresser en même temps un appel tout spécial à votre bienveillante indulgence, car je ne saurais oublier que l'âge de la retraite a déjà sonné pour moi, entraînant l'affaiblissement de mes forces physiques et je puis vous apporter seulement, suivant l'expression du grand orateur sacré, « les restes d'une voix qui tombe et d'une ardeur qui s'éteint »; j'ai donc tout lieu de craindre que le fardeau que j'assume aujourd'hui ne soit parfois un peu lourd pour mes épaules vieillissantes; aussi je ne vous dissimulerai pas que j'ai éprouvé de longues hésitations avant d'accepter que ma candidature soit proposée pour le poste éminent auquel vous venez de m'appeler, mais j'y trouvais la consécration suprême de ma carrière apportée par le jugement compétent de mes pairs, et je n'ai pas su résister aux amicales instances de nos anciens Présidents, qui restent toujours les guides avisés des destinées de notre Société, non plus qu'à celles des membres du Comité qui ont bien voulu m'apporter aussi leurs suffrages unanimes ; je me suis donc laissé convaincre, en comptant toutefois sur votre indulgente sympathie à tous, mes chers Collègues, et vous voyez combien elle m'est nécessaire.

Qu'il me soit permis également de dire tout le prix que j'attache à leur concours, à tous les membres du Comité et du Bureau, et spécialement à notre éminent collègue, M. Janet, le Président de l'année prochaine et à notre très distingué et dévoué trésorier M. de Chasseloup Laubat, qui veulent bien m'apporter dans ma lourde tâche une collaboration nécessaire dont je suis grandement honoré.

A côté d'eux, je ne saurais oublier notre distingué Secrétaire général administratif, non plus que le personnel de nos bureaux, dont j'ai pu apprécier déjà le zèle et l'intelligence; je compte aussi sur leur concours actif et dévoué, et, à tous par avance, Collègues et collaborateurs, j'adresse dès maintenant un cordial merci.

*
* *

Une tradition toujours respectée veut que le nouveau Président, inaugurant ses fonctions, expose devant vous l'état présent de l'industrie à laquelle il s'est plus spécialement consacré, si bien que nous avons ainsi, dans le Recueil des Discours présidentiels, s'il était constitué, le tableau détaillé de l'histoire vécue de chacune de ces industries, exposée par ceux-là mêmes qui en ont été les principaux collaborateurs ou les dirigeants.

Pour m'y conformer à mon tour, j'aurais le devoir de vous parler de la métallurgie du fer, mais c'est là un sujet qui a été traité à cette même place il y a quelques années seulement avec une autorité et un charme d'expression auxquels je ne saurais atteindre par M. Guillet, qui est bien véritablement un maître en la matière; vous me pardonnerez donc de ne pas y revenir aujourd'hui pour l'aborder dans sa généralité et de me cantonner de préférence dans le domaine tout à fait restreint d'une spécialité particulière de la grosse métallurgie militaire qui, au premier abord, peut paraître ne plus présenter aujourd'hui qu'un intérêt purement historique, limité à quelques spécialistes, artilleurs ou métallurgistes, je veux parler de la fabrication des blindages de navires.

C'est là une histoire bien courte, qui n'atteint même pas la durée d'une vie humaine un peu longue, puisqu'elle s'étend sur 60 années seulement, mais elle est toute remplie de péripéties, de transformations incessantes, amenant continuellement au jour des produits nouveaux qui veulent surpasser les précédents; aussi, prend-elle tout l'attrait de la vie active et féconde, intéressante pour le profane et riche d'enseignements pour le praticien.

Ajouterai-je qu'elle est particulièrement réconfortante pour nos cœurs de Français, car elle nous présente à chaque instant le tableau des efforts qu'ont prodigués nos grandes usines, des études savantes qu'elles ont poursuivies et elle nous permet ainsi d'apprécier toute l'importance de la contribution qu'elles ont apportée à ces progrès dont la répercussion s'étend maintenant sur la métallurgie toute entière.

L'emploi des blindages ou cuirassements métalliques pour le revêtement des navires a caractérisé toutes les flottes de guerre construites pendant ces 50 dernières années, mais c'était là seulement, à vrai dire, la phase contemporaine de cette lutte éternelle de l'attaque et de la défense qui, depuis l'origine de l'humanité, s'est poursuivie sous des formes diverses, dans l'histoire de toutes les civilisations successives, et il est même intéressant de noter que l'antiquité nous fournit déjà certains exemples d'application de revêtements métalliques sur les vaisseaux de l'époque.

Ce revêtement présentait en effet l'avantage indirect de préserver la paroi en bois du navire contre l'action des fusées incendiaires et il contribuait, d'autre part, à en augmenter la résistance mécanique contre les divers engins de destruction alors employés pour l'attaque. On comprend donc immédiatement que les anciens aient eu l'idée de recourir aux tôles de revêtement dès qu'ils ont pu les fabriquer avec des dimensions un peu importantes. Strabon raconte, par exemple, en parlant de la troisième guerre punique, que les Carthaginois faisaient usage de vaisseaux blindés, dont il évalue le nombre à 300. Plus tard, au XIIe siècle, des navigateurs belliqueux, comme les Normands, arrivaient également à blinder certaines parties de leurs navires, et cet exemple fut imité ensuite par les Chevaliers de Saint-Jean de Jérusalem qui armaient des caraques blindées pour le siège de Tunis et aussi par les Vénitiens à l'époque d'André Doria, au XVIe siècle.

On pourrait même citer, dit M. Weyl, les batteries flottantes du Chevalier d'Arçon construites en 1780 pour servir au siège de Gibraltar et dont les bordages étaient renforcés au moyen de barres de fer, afin d'arrêter les boulets ronds et pleins, alors en usage.

Il faut reconnaître toutefois que ces premières applications étaient restées en quelque sorte à l'état de simples curiosités exceptionnelles et on n'aurait jamais songé à revêtir les navires de ces lourds cuirassements qui leur enlèvent une partie de leurs qualités nautiques si les progrès effectués par l'artillerie dans la première moitié du siècle dernier n'étaient venus en montrer la nécessité.

L'invention des obus explosifs, due au général Paixhans, eut une influence décisive à ce point de vue, car ces projectiles, dont l'éclatement se produisait seulement à l'instant du choc, apportaient sur le bâtiment attaqué des engins d'incendie et de destruction singulièrement efficaces et les navires allaient donc se trouver placés, comme le prévoyait déjà Paixhans dès 1822, dans la nécessité de se barder de fer pour résister à cet effort destructeur. Cette prédiction n'aurait pu guère se réaliser toutefois avec la marine à voiles, dont la puissance d'action était trop limitée pour qu'elle pût admettre un revêtement métallique un peu lourd, mais l'expansion que prenait en même temps l'emploi de la vapeur comme force motrice, donna au contraire le moyen de réaliser l'application des cuirassements qui, autrement, n'aurait jamais pu pénétrer dans la pratique et celle-ci, à son tour, par une répercussion des plus curieuses, vint aussitôt exercer son influence sur les principes de construction et d'aménagement des navires de guerre et même sur la tactique navale qu'elle transforma complètement.

La *Gloire* fut mise en chantier en 1858 et elle fut suivie peu de temps après par la *Couronne*, d'un type peu différent, qui fut la première frégate construite en fer et munie de blindages métalliques formant une cuirasse de 0 m,10 à la ceinture et 0 m,08 à la flottaison.

L'exemple ainsi donné par la Marine française fut suivi immédiatement par l'Angleterre qui s'attacha même à nous devancer dans cette voie.

En ce qui concerne les blindages, l'impulsion se trouvait donc définitivement acquise, et les rivalités nationales, en même temps que les progrès incessants réalisés d'autre part par le matériel d'artillerie, amenèrent à augmenter graduellement l'épaisseur et les dimensions des plaques employées.

La *Flandre*, dont les dessins furent arrêtés en 1861, possède déjà une cuirasse de 0 m, 15 à la flottaison; quatre ans après, en 1865, les navires du groupe *Océan* atteignent 0 m, 20, puis en 1872, la *Dévastation* arrive à 0 m, 38 et enfin, en 1881, l'*Amiral-Duperré* atteignit ce chiffre énorme de 0 m, 55, qui n'a jamais été dépassé depuis, mais qui constitua en même temps la dernière application du fer puddlé (*fig. 1, pl. 98*).

Il fallut bien reconnaître, en effet, qu'il était impossible d'aller au delà sans donner à la ceinture un poids tout à fait exagéré, et on estima avec juste raison qu'il fallait s'attacher de préférence à augmenter la dureté du métal pour prévenir la pénétration des projectiles offensifs et en amener la rupture.

L'emploi de l'acier qui, du reste, s'est substitué au fer puddlé dans la plupart de ses applications, était donc tout indiqué; mais la préparation du métal fondu en grandes masses telles que l'exigent les plaques de blindages a présenté dans les débuts des difficultés de toute nature, dont les forges arrivèrent très difficilement à triompher; aussi, les premiers essais qui furent entrepris dans cette voie dès 1873, pour obtenir des blindages préparés exclusivement en acier homogène, martelé, laminé ou coulé, n'ont-ils pas toujours donné des résultats favorables. Les produits obtenus présentaient, en effet, de grandes irrégularités, voire même des tendances à la rupture spontanée comme divers exemples l'ont prouvé.

L'usine du Creusot s'attacha néanmoins à cette fabrication qu'elle réussit finalement à mettre au point après plusieurs années d'efforts persévérants et elle put participer avec succès aux épreuves internationales qui furent organisées à cette époque, notamment à la Spezzia en Italie, en 1876 et en 1884 (*fig. 2, pl. 98*).

Concurremment avec l'emploi de l'acier ainsi forgé en grandes masses, les deux grandes usines anglaises de Sheffield, Cammel et John Brown, imaginèrent un procédé de fabrication dénommé « compound » ou « mixte » qu'elles appliquèrent avec certaines variantes et dans lequel l'acier était coulé directement sur un sommier en fer, après quoi l'ébauche ainsi obtenue était passée ensuite au laminoir et énergiquement corroyée pour assurer la soudure intime de la partie coulée avec le sommier ou la couverte superficielle.

Des essais comparatifs furent effectués en 1880 par la Marine française au champ de tir de Gavre sur 6 plaques fabriquees d'après les procédés alors connus, soit une plaque en fer soudé, présentée par MM. Marrel frères à Rive-de-Gier; deux plaques en acier coulé, présentées par l'usine de Terrenoire, deux en acier forgé, l'une en métal doux, l'autre en métal dur, présentées par le Creusot, et une plaque en métal mixte présentée par l'Usine Cammel, et ces essais, sur le détail desquels je ne puis insister, consacrèrent de façon incontestable le succès de la plaque mixte Cammel et de la plaque en acier dur du Creusot qui, tout en se brisant, réussirent cependant à arrêter deux projectiles en fonte tirés à la vitesse de perforation du fer, alors que les autres plaques furent traversées.

La Marine décida donc d'adopter simultanément ces deux types de plaques, celles en acier étant fabriquée par le Creusot, et celles en métal mixte par les trois usines de St-Chamond, Marrel et Chatillon qui firent à cet effet l'acquisition du procédé Cammel *(fig. 3 et 4, pl. 98)*.

Le régime ainsi établi se maintint sans changement depuis 1882 jusque vers 1891, la Marine acceptant indifféremment des blindages fabriqués d'après l'un ou l'autre procédé, de sorte que les épreuves de recette par le tir auxquelles il fut procédé au cours de cette période permirent d'apprécier nettement les caractères distinctifs de chacun.

On put reconnaître ainsi, qu'au point de vue de la résistance comparative, l'acier était un peu supérieur au métal mixte, car il donnait une vitesse de perforation dépassant d'environ 25 0/0 celle du fer, tandis que le métal mixte restait limité à 20 0/0.

Par contre, la plaque en acier était impuissante à briser les projectiles d'attaque comme le faisait la plaque mixte bien préparée.

Il faut ajouter, d'une façon générale, que les plaques des deux types se fendaient fréquemment ou même parfois se brisaient complètement dans l'épreuve de recette comportant le tir de trois coups rapprochés, tels que les pratiquait la Marine française, et cette fragilité s'accentua encore davantage lorsque la Marine eut renoncé à l'emploi des boulets en fonte dure pour les remplacer, d'abord par les obus en acier coulé, puis par les obus en acier au creuset forgé qui ne se brisaient plus avec la même facilité.

Les tirs comparatifs effectués à l'étranger, à la Spezzia, en Italie, à Ochta, en Russie, à Annapolis, en Amérique, de 1884 à

1889, et qui eurent à cette époque un retentissement considérable, confirmèrent d'ailleurs ces résultats et montrèrent la nécessité de modifier les procédés employés pour obtenir des plaques exemptes de fragilité.

On peut observer du reste, au point de vue de la comparaison de ces essais étrangers, que la qualité des projectiles employés exerce une influence prédominante sur les résultats observés, et si, en France, les projectiles en fonte dure de l'usine de Montluçon, dont la Marine faisait usage, pouvaient encore supporter certains tirs sans se briser, il n'en était pas de même des projectiles anglais, type « Palliser », qui se brisaient toujours dans le tir contre plaques mixtes.

Les divers essais anglais, dans lesquels les plaques mixtes restaient indemnes après avoir brisé les projectiles, amenaient donc à cette conclusion erronée que ces plaques présentaient une résistance exceptionnelle, alors qu'elles ont été au conraire facilement traversées toutes les fois que les projectiles employés restaient entiers après le tir.

Quoi qu'il en soit, l'expérience établissait nettement que les blindages ainsi préparés en métal mixte ou en acier ordinaire homogène ne pouvaient plus supporter, sans se briser, le choc des nouveaux projectiles en acier, et, devant l'intérêt du but à atteindre, les Forges productrices n'hésitèrent pas à entreprendre les études méthodiques nécessaires à l'effet d'obtenir des métaux exempts de fragilité, capables d'assurer pour chaque région du navire la protection la mieux appropriée au genre d'attaque auquel celle-ci est exposée.

Pour protéger la ceinture ou les tourelles, comme toutes les parties exposées au tir direct, il faut des plaques en métal dur, conservant toutefois sur leurs faces arrières une malléabilité suffisante pour pouvoir supporter sans déchirure l'emboutissage exigé par les formes curvilignes de la coque des navires qu'elles doivent recouvrir.

Dureté accentuée de la face avant, malléabilité de la face arrière, grande résistance à la pénétration comme à la formation des fentes superficielles ou profondes, homogénéité absolue de la masse entière, absence de tout défaut intérieur, tapure ou retassure, telles sont les qualités contradictoires que nos Forges vont rechercher désormais dans la préparation et la mise en œuvre de métaux nouveaux spécialement étudiés pour cette application, et l'histoire de cette industrie n'est que la succession des essais qu'elles ont entrepris pour y parvenir.

Pour les plaques de pont au contraire qui sont toujours relativement minces, la malléabilité reste la qualité primordiale, car ces plaques sont appelées à supporter un tir oblique dans lequel les projectiles arrivent en rasant, pour ainsi dire, sous une incidence presque tangente, provoquant ainsi sur la surface de la plaque la formation de sillons allongés qui ne doivent entraîner la formation d'aucune fissure.

Le fer puddlé, toujours peu fragile, est resté longtemps le seul métal employé pour cette application, mais là encore, il a été remplacé peu à peu par l'acier préparé toutefois en une nuance extra-douce complètement exempte de carbone.

Cette application fut réalisée pour la première fois par l'usine de Montluçon-Saint-Jacques qui, à la suite de longues recherches, parvint à la mettre au point par une étude minutieuse de tous les détails du traitement, et c'est ainsi qu'elle put présenter à l'Exposition de 1889 une série de plaques en métal extra-doux dont l'aspect constitua une véritable révélation *(fig. 5, 6, 7 et 8, pl. 98)*.

Celles-ci avaient pu supporter en effet, et sans présenter aucune fente, l'épreuve réglementaire d'emboutissage à laquelle les meilleures plaques en fer ne pouvaient jamais résister sans se déchirer plus ou moins, et qui consistait dans le tir de cinq projectiles de 16 cm dirigés aux quatre sommets et au centre d'un carré de 20 cm de côté, donnant ainsi des impacts presque tangents. Ajoutons encore que, tout en étant plus malléables, ces plaques en acier extra-doux présentaient en même temps une résistance à la perforation supérieure à celle du fer ; aussi cette fabrication fut-elle rapidement adoptée par les autres forges qui réussirent à leur tour à préparer le métal extra-doux dans des conditions satisfaisantes et la Marine renonça définitivement à l'emploi du fer puddlé pour la préparation des plaques de pont, comme elle l'avait fait déjà pour les plaques en métal dur exposées au tir direct.

Pour cette dernière catégorie, qui était d'ailleurs de beaucoup la plus importante de toutes, la qualité essentielle est la résistance à la perforation, mesurée elle-même par la vitesse minimum qui permettra d'obtenir la traversée de la plaque attaquée avec un projectile de poids et de calibre déterminés, et il en résulte aussitôt que la valeur effective de la plaque ainsi éprouvée se trouve représentée par le rapport de sa vitesse propre de perforation à celle d'une plaque en métal type, soit le fer puddlé qui était d'abord le seul employé, soit l'acier ordinaire.

Des savants, mathématiciens, artilleurs ou ingénieurs, ont essayé d'autre part d'établir des formules de perforation, rattachant entre eux tous les éléments qui interviennent dans le tir, soit la vitesse, le poids et le calibre du projectile, déterminant ainsi l'énergie du choc développé, et l'épaisseur de la plaque qui doit le supporter ; mais, malgré tous leurs efforts, ils n'ont pas encore pu établir une théorie satisfaisante des phénomènes si complexes qui se produisent dans ces chocs violents dont la durée ne dépasse pas quelques cent-millièmes de seconde, et il fallut donc se résigner à adopter des formules empiriques, simplement basées sur les résultats constatés dans les tirs antérieurs.

Différentes formules furent ainsi proposées en France et à l'étranger, notamment en Angleterre et en Italie, d'abord pour le fer puddlé, puis pour l'acier ordinaire, mais la plus employée de toutes fut certainement celle que présenta dans ce dernier cas M. le Colonel Jacob Demarre en 1886, sous la forme suivante :

$$V = 1530 \frac{a^{0.75}}{P^{0.5}} E^{0.7},$$

ou V est la vitesse de tir exprimée en mètres,
a le calibre du projectile en décimètres,
P le poids en kilogrammes,
E l'épaisseur de la plaque en décimètres.

Cette formule était appuyée par de nombreuses expériences effectuées sur des plaques d'épaisseurs très différentes, attaquées avec des projectiles de tous calibres ; aussi fut-elle rapidement adoptée, non seulement en France, mais même à l'étranger, et, dans une visite effectuée vers 1904 aux usines *Vickers* à Sheffield, j'ai eu l'agréable surprise de la voir matérialisée dans une sorte de règle à calcul que M. Vickers avait fait établir spécialement pour l'usage journalier de ses Ingénieurs et qu'il avait réalisée en deux exemplaires, gradués, l'un pour les projectiles en usage dans la Marine anglaise et l'autre pour les projectiles français. Cette règle fournissait en effet, par le simple déplacement d'une réglette mobile, l'indication immédiate de la vitesse de perforation de la plaque en acier, calculée d'après les conditions d'attaque considérées.

C'est donc en partant de cette formule universellement adoptée que nous avons pu représenter par le rapport correspondant la résistance obtenue avec les aciers de diverses compositions qui furent successivement présentés par les forges intéressées, et apprécier par suite l'accroissement de protection qu'elles ont ainsi réalisé pour les blindages exposés au tir direct.

L'usine anglaise John Brown de Sheffield appliqua à cet effet un procédé de durcissement de la plaque mixte, dû à l'ingénieur Tresidder, tandis que les usines françaises fabriquant le métal mixte se décidèrent à leur tour à aborder, à la suite du Creusot, la fabrication de l'acier forgé en grande masse, et, comme l'expérience des tirs comparatifs effectués en 1890 au champ de tirs d'Annapolis avait montré que la plaque du Creusot en acier chargé de nickel était moins fragile et plus résistante que la plaque en acier ordinaire, elles s'attachèrent spécialement à cette fabrication : elles créèrent ainsi, à la suite de l'usine de St-Chamond, un acier à teneur de 2 à 3 0/0 de nickel, avec addition de chrome, sous le nom d'acier spécial; ce métal fut rapidement adopté avec de légères variantes tant en France qu'à l'étranger, comme étant moins fragile et possédant en même temps une vitesse de perforation dépassant d'environ 12 0/0 celle de l'acier ordinaire ou de 34 0/0 celle du fer *(fig. 9 et 10, pl. 98)*.

On reconnut, en effet, que l'introduction du chrome dans la composition de l'acier spécial apportait une augmentation de résistance bien marquée, mais comme le travail de gabariage des plaques ainsi préparées devenait trop difficile lorsqu'il fallait opérer sur de fortes épaisseurs, l'emploi de l'acier au nickel à teneur en chrome un peu élevée resta surtout limité aux plaques minces, comme les masques d'affûts, les boucliers contre le tir de fusil, les masques pour chars de combats, etc., pour lesquels il permet d'obtenir un accroissement de vitesse de perforation d'environ 30 0/0 par rapport à l'acier ordinaire.

Pour les plaques épaisses, les forges conservèrent, au contraire, l'acier spécial à faible teneur de chrome, mais elles adoptèrent en même temps l'emploi de la cémentation superficielle dans le but d'obtenir plus sûrement la rupture des projectiles d'attaque, préparés même en acier forgé au creuset.

Le procédé de cémentation imaginé par l'ingénieur Harvey fut essayé d'abord en Amérique, en 1891, aux champs de tir d'Annapolis et d'Indian Head, puis de 1892 à 1897 dans les différents champs de tir des principales nations maritimes d'Europe où des plaques cémentées se trouvèrent en compétition, à plusieurs reprises, avec des plaques en acier spécial présentées par St-Chamond. Le métal cémenté s'y révéla avec ses qualités de résistance et de dureté exceptionnelles, assurant la rupture des projectiles en acier, mais présentant en même temps une fragilité marquée qu'on ne retrouvait pas sur l'acier spécial (*fig. 11 et 12, pl. 98*).

Devant ces résultats, nos forges françaises décidèrent de faire l'application du procédé Harvey en combinant la cémentation avec l'emploi de l'acier spécial, plus résistant que l'acier ordinaire, et elles arrivèrent ainsi à obtenir des plaques de fragilité atténuée dont la vitesse de perforation dépassait en même temps d'environ 25 0/0 celle de l'acier ordinaire (*fig. 13, 14, 15, 16 et 17, pl. 98*).

Les plaques ainsi préparées restèrent en usage jusque vers 1900, mais les forges intéressées n'en continuèrent pas moins leurs études dans le but d'augmenter encore cette résistance, tout en diminuant la fragilité, car il leur fallait se mettre en mesure de lutter plus avantageusement contre les nouveaux projectiles en acier forgé au chrome-nickel dont le choc était d'autant plus redoutable, qu'ils parvenaient à traverser la plaque attaquée sans se briser ni se déformer, l'obligeant ainsi à supporter la totalité de l'énergie de choc développée.

En 1896, l'usine Krupp présenta un type de plaque cémentée à 3,5 0/0 de nickel, tenant 0,4 de carbone et 2 0/0 de chrome qu'elle réussit à rendre exempt de fragilité par l'application d'un traitement thermique bien étudié, assurant la dureté de la face avant, tout en donnant à la face arrière la malléabilité nécessaire. A cet effet, elle soumettait la plaque à un chauffage différentiel portant la partie antérieure à une température d'environ 800°, suffisante pour assurer, sous l'action de la trempe, la transformation consécutive, complète du grain, tandis que la région arrière était seulement portée à la température du recuit, voisine de 400°, n'entraînant qu'une transformation partielle. Les plaques ainsi préparées s'imposèrent aussitôt à l'attention des spécialistes comme bien exemptes de fragilité, car elles pouvaient supporter sans rupture plusieurs coups, même très rapprochés ; aussi, malgré les difficultés d'application qu'il présentait, ce procédé fut-il rapidement adopté par les forges productrices du monde entier. Cette unanimité rencontra toutefois une exception, qui restera un titre d'honneur pour l'industrie française, car elle est due à l'usine de Rive-de-Gier, qui parvint à mettre au point, en 1905, un procédé spécial, imaginé par son éminent et regretté Directeur, M. Jules Marrel, et elle put ainsi supporter sans désavantage la concurrence du procédé allemand *(fig. 18, 19 et 20, pl. 98)*.

Ce procédé, qui emploie un acier à 4,5 0/0 de nickel tenant 0,25 de carbone et 0,60 de chrome, moins dur par conséquent que le métal Krupp, permet aussi néanmoins d'obtenir le résultat cherché : grain porcelanique à l'avant et texture fibreuse à l'arrière, et cela par un traitement thermique homogène, dont la réalisation ne présente pas les mêmes difficultés que le chauffage différentiel.

C'est ainsi que, en 1913, à la suite d'essais de tirs pratiqués à la Spezzia, l'usine put faire adopter son procédé par la grande usine Ansaldo de Gênes, qui était chargée alors d'importantes fournitures de blindages pour la marine italienne.

Tout en conservant l'application du métal Krupp, nos ingénieurs métallurgistes continuèrent toujours avec la même énergie leurs persévérantes recherches pour l'obtention de procédés nouveaux donnant des résultats supérieurs encore, et parmi eux, je dois citer au premier rang notre éminent collègue, M. Charpy, qui en fit l'objet d'études savantes poursuivies dans l'usine avec la précision méthodique des expériences de laboratoire. C'est ainsi qu'il put créer, en 1902, un type nouveau d'acier spécial à 0,10 0/0 de carbone et 5,5 0/0 de nickel avec une teneur en chrome pouvant varier suivant les cas de 0,6 à 2 0/0 qui donna des résultats particulièrement remarquables. Il réussit, en effet, à obtenir avec ce métal des plaques homogènes de haute résistance au tir et même des plaques cémentées de faibles épaisseurs, exemptes de fragilité.

L'usine du Creusot étudia de son côté l'application de l'acier au molybdène, et celle de Saint-Chamond présentait enfin à l'Exposition de Paris en 1900 une plaque homogène, à teneur élevée en chrome, portée à 3 ou à 4 0/0, dont la vitesse de perforation devait atteindre, si elle ne la dépassait pas, celle du métal Krupp.

Il faut observer, d'ailleurs, que l'apparition des projectiles coiffés, munis sur la pointe d'un revêtement protecteur leur permettant de traverser sans se briser la couche superficielle durcie de la plaque attaquée, est venue apporter un élément nouveau dans cette lutte éternelle du canon et de la cuirasse en remettant en question l'utilité de la cémentation.

Il fallut reconnaître, en effet, que, si la vitesse de perforation de pareilles plaques pouvait bien atteindre 1,20 à 1,40 avec les projectiles non coiffés, elle s'abaissait aussitôt entre 1,14 et 1,20 avec les projectiles coiffés, et, comme la coiffe devient au contraire un obstacle dans l'attaque des plaques non cémentées, il semble donc qu'il conviendrait à l'avenir d'employer de préférence un métal homogène, non cémenté, mais de nuance aussi dure qu'il sera pratiquement possible de l'obtenir pour un travail d'élaboration en grande masse.

La Marine française qui, au cours de ces 50 années, s'est toujours attachée à provoquer les progrès qui ont transformé la fabrication des blindages, n'avait pas manqué de se préoccuper de cette question des projectiles coiffés, et dans les derniers marchés passés avant la guerre, elle avait prévu l'emploi simultané des projectiles des deux types, coiffés et non coiffés, pour les épreuves de recette.

La guerre de 1914 est venue interrompre ces recherches savantes en même temps que les fabrications qui en faisaient l'objet, et, en France tout au moins, elles n'ont pas été reprises jusqu'à présent.

Au moment où elles sont peut-être abandonnées chez nous à titre définitif, vous me permettrez de m'y attarder encore un instant pour comparer devant vous les résultats que nous obtenions en France par rapport à ceux de l'étranger, et pour vous montrer ensuite la part prédominante qui leur revient dans les progrès que la métallurgie des aciers de qualité supérieure a réalisés au cours des 50 dernières années.

En ce qui concerne la comparaison avec les produits fabriqués à l'étranger spécialement en Allemagne, je puis vous citer tout d'abord les expériences effectuées au champ de tir de Gavre avec des projectiles coiffés sur des plaques en métal Krupp, détachés du cuirassé allemand *Thuringen*, soit deux plaques de ceinture ayant, l'une 100 mm d'épaisseur, attaquée avec le canon de 14 cm, et l'autre 250 mm, attaquée avec le canon de 30 cm, et une plaque de réduit de 170 mm, attaquée avec le canon de 16 cm. Les vitesses de perforation déterminées au cours de ces essais atteignirent seulement 1,14, 1,13 et 1,10 et restèrent par conséquent, fort inférieures à celles que nous obtenions en France, dans les mêmes conditions de tir. Une plaque en acier spécial, non cémenté, de 70 mm d'épaisseur, attaquée avec le projectile de 65 mm, non coiffé, donna une vitesse de perforation atteignant seulement 0,95, inférieure par conséquent à celle de l'acier ordinaire du Creusot.

Pour ce qui concerne la fabrication anglaise, nous manquons de termes de comparaison bien appropriés, car les épreuves de recette ne sont jamais pratiquées en Angleterre comme c'est le cas en France, sur des plaques spécialement choisies par le contrôle dans un lot de plaques complètement terminées, elles portent au contraire sur une plaque type non cintrée, fabriquée à l'avance en vue de l'essai, dans des conditions bien déterminées et toujours maintenues sans changement. Il en résulte que les épreuves ainsi pratiquées donnent toujours des résultats dépassant la résistance effective moyenne du lot considéré, tandis que la méthode d'épreuve pratiquée en France donne au contraire des résultats toujours inférieurs à cette moyenne ; il y a donc là une considération essentielle qui témoigne bien de la haute valeur et de la sincérité des résultats obtenus par nos Forges françaises, et il importe d'en tenir compte dans la comparaison des résultats observés sur les plaques d'essai dans les deux pays.

Nous arrivons ainsi au terme obligé, mais non encore peut-être définitif de cette histoire de la fabrication des blindages qui n'est, comme vous le voyez, qu'une succession d'efforts continus et incessants poursuivis pendant un demi-siècle avec une persévérance inlassable par les forges intéressés pour améliorer toujours les qualités de leurs produits, et vous me permettrez de résumer en quelques chiffres l'importance des résultats ainsi obtenus.

Si nous considérons par exemple, une plaque de 200 mm attaquée avec le canon de 194 mm, nous voyons que, fabriquée en fer puddlé, elle présentait une vitesse de perforation de 383 m, laquelle s'élevait à 471 m si le fer était remplacé par l'acier ordinaire. Par l'adoption de l'acier spécial, cette vitesse s'est trouvée portée à 528 m, correspondant par suite à celle d'une plaque en fer de 360 mm d'épaisseur, augmentée ainsi de 65 0/0. Lorsque ce métal a été ensuite cémenté, la vitesse de perforation s'est élevée à 612 m, réalisant ainsi un coefficient de 1,60 par rapport au fer et de 1,30 par rapport à l'acier ordinaire.

Avec les plaques préparées d'après les procédés plus récents, rappelés tout à l'heure, ces chiffres étaient encore dépassés, car on obtenait pour l'épaisseur de 200 mm des vitesses de perforation avec projectiles non coiffés, atteignant parfois 700 m et dépassant celle de l'acier ordinaire de 40 à 50 0/0. Pour obtenir la même résistance avec une plaque en fer, il faudrait atteindre une épaisseur de 512 mm, soit deux fois et demi plus élevée.

A un autre point de vue, si nous voulons comparer les énergies de choc en partant de ce fait que la vitesse de perforation des dernières plaques cémentées livrées par nos forges françaises a pu dépasser de 85 0/0 celle des plaques en fer, nous reconnaîtrons que ces plaques peuvent supporter un choc d'une énergie supérieure au triple et se rapprochant du quadruple de celle qui assurait la perforation des anciennes plaques en fer de même épaisseur.

Ce simple rapprochement montre immédiatement le haut intérêt que présentaient pour la Marine militaire les progrès ainsi obtenus, apportant à notre industrie métallurgique la récompense méritée des efforts et des sacrifices qu'elle s'est imposés pour le développement et la transformation de son outillage, de même que pour l'étude scientifique et raisonnée des propriétés des métaux qu'elle devait élaborer.

C'est ainsi que nos grandes usines se sont transformées peu à peu, chaque jour apportant un engin nouveau plus puissant que celui de la veille pour permettre de couler, puis de manutentionner et d'étirer dans l'atelier de forge, au pilon, à la presse ou au laminoir, des lingots dépassant souvent 100 000 kg pour façonner des ébauches de plus en plus lourdes qu'il faut ensuite tremper et recuire dans des conditions de température bien déterminées et amener enfin à leurs formes définitives, au moyen de machines-outils toujours plus puissantes et d'action en même temps plus précise.

Pour obtenir, d'autre part, des métaux plus résistants, elles n'ont pas hésité à entreprendre de véritables recherches scientifiques poursuivies par des expérimentateurs particulièrement qualifiés, ayant à leur disposition les appareils les plus délicats et tous les moyens d'investigations des laboratoires les mieux outillés.

La théorie cellulaire, par laquelle notre ancien et génial Collègue, l'une des gloires du Génie civil français, M. Osmond, nous a révélé pour la première fois la complexité de la constitution intime des aciers, est née dans le laboratoire de l'usine du Creusot et les nombreuses recherches ultérieures qu'elle a provoquées dans la suite pour éclairer la nature et les conditions de transformation des constituants de l'acier ont été presque toujours suscitées par les exigences de qualité des produits militaires.

Ces fabrications prenaient en meme temps, dans la pratique, un caractère de plus en plus précis et scientifique, si bien que les forges et aciéries tendent à devenir vraiment des laboratoires agrandis dans lesquels tous les facteurs susceptibles d'influer sur les qualités du produit obtenu sont toujours strictement mesurés et dosés par des dispositions analogues à celles dont notre éminent Collègue, M. Charpy, nous a donné un exemple si remarquable dans l'installation de l'usine de Saint-Jacques, à Montluçon.

Et ces études savantes ne sont pas restées infécondes, car elles ont trouvé leur application dans toutes les fabrications d'aciers spéciaux qui, autrement, n'auraient pas encore vu le jour pour les besoins des chemins de fer, des machines marines, des appareils électriques, des moteurs légers de toute nature, et lorsque nous voyons aujourd'hui la voiture automobile ou l'avion ailé franchissant l'espace à des vitesses vertigineuses, nous ne devons pas oublier que ces merveilles, dont la réalisation nous paraissait impossible il y a quelques années seulement, sont dues, pour une large part, aux savantes recherches qu'ont exigées les fabrications de produits militaires dont ces industries nouvelles ont pu ainsi recueillir les fruits au grand bénéfice du pays tout entier.

Aujourd'hui, ces fabrications qui ont assuré le succès de la guerre mondiale et pour lesquelles, fréquemment, notre industrie française a dû alors se faire l'initiatrice des industries étrangères, impuissantes à obtenir les mêmes résultats, ont perdu toute activité, comme si elles étaient frappées à mort, ensevelies dans leur triomphe; il nous est même impossible de prévoir l'avenir qui les attend, comme c'est le cas du reste pour notre marine elle-même dont elles étaient l'auxiliaire compétente et dévouée. Mais si elles doivent présentement se ralentir encore et peut-être disparaître tout à fait, tout au moins en ce qui concerne les blindages, sous les formes que nous avons connues jusqu'à présent, vous voyez qu'elles méritent néanmoins les regrets de tous ceux qui s'intéressent à l'avenir de l'expansion française dans le monde et j'espère que vous serez d'accord avec moi pour estimer que cette brève histoire restera vraiment comme un titre d'honneur pour notre grande industrie métallurgique et pour ses collaborateurs, savants ou praticiens, presque tous nos Collègues, unissant leurs efforts afin d'assurer la sécurité du pays.

Et en songeant à toutes les déceptions que la France victorieuse a éprouvées, à tous les sacrifices injustifiés qu'elle a dû consentir, comme celui de sa marine par exemple, qui forme cependant le meilleur garant de notre indépendance économique, nous comprenons d'autant mieux la nécessité d'observer entre nous, aujourd'hui plus que jamais, cette union sacrée qui a fait le succès de la France pendant la guerre mondiale et sans laquelle nous n'obtiendrons jamais une paix respectueuse de nos droits.

C'est là un devoir qui s'impose à tous nos concitoyens et spécialement à ceux qui jouissent d'une considération particulière les investissant d'une certaine autorité morale, comme c'est le cas aujourd'hui pour les Ingénieurs par exemple, et ainsi, nous nous trouvons ramenés à la pensée du rôle qui va leur incomber, et par suite à notre Société, organe obligé du Génie civil français, pour que notre patrie puisse retrouver avec la foi dans ses destinées futures, quelque chose du prestige et de l'autorité morale dont elle a toujours joui dans le monde, et, puisque c'est là notre préoccupation commune, vous me permettrez en terminant de vous soumettre quelques suggestions sur l'action que nous pouvons exercer pour le succès de cette œuvre patriotique.

Vous estimerez sans doute avec moi que cette action devient d'autant plus nécessaire que, actuellement, dans le monde entier et aussi en France, notre Société contemporaine souffre d'un malaise, d'une inquiétude générale où nous devons discerner peut-être les signes précurseurs des transformations profondes qui caractériseront sans doute l'ère nouvelle dans laquelle nous sommes entrés à la suite de la guerre mondiale. Considérons en effet que l'époque présente constitue certainement dans l'histoire de l'humanité l'une des plus grandes dates dont elle conservera le souvenir, car elle forme le point de départ d'un âge nouveau conditionné sans doute par les influences latentes que lui a léguées l'âge passé, mais qui ne s'en différenciera pas moins par des traits essentiels qu'il nous est même encore impossible d'entrevoir. C'est que l'histoire est entraînée désormais dans ce mouvement vertigineux qui emporte aujourd'hui les hommes et les choses, elle est en quelque sorte montée en chemin de fer ou en avion rapide avec nos contemporains à qui elle ne laisse plus le temps, dans ce déséquilibre général, de s'adapter aux changements continuels qu'elle provoque à chaque instant.

C'est ainsi que nous voyons seulement à l'époque présente se dérouler sous nos yeux, dans toute leur gravité terrifiante, des répercussions jusque-là insoupçonnées d'événements passés, remontant souvent à plusieurs siècles, comme sont, par exemple, ces deux grands faits historiques qui ont marqué la fin du Moyen Age et l'avènement des temps modernes, soit la découverte de l'Amérique et l'invention de l'imprimerie, puisque l'un et l'autre sont devenus désormais des facteurs décisifs dans dans l'histoire générale du monde et dans l'évolution de la pensée contemporaine.

Nous voyons dès lors comment ces merveilleux progrès matériels dont nous sommes si fiers ont contribué pour une large part à ce désarroi universel dont nous souffrons maintenant, car ils ont entraîné avec eux des bouleversements imprévus qui nous ont enlevé cette confiance dans la sécurité du lendemain, cet esprit de modération des désirs dans lequel nos pères voyaient, avec tant de raison, la condition primordiale du bonheur de la vie.

Ce malaise général s'aggrave encore pour nous, Français, des cruelles déceptions nées de la guerre, des sentiments de révolte qu'éveille en nous la pensée de l'injustice du traitement dont nous sommes les victimes, alors que, dans l'établissement du bilan de liquidation des sacrifices communs, nous sommes obligés d'accepter un décompte écartant de propos délibéré cet immense holocauste de notre héroïque jeunesse fauchée dans sa fleur, et représentant pourtant une valeur pécuniaire bien réelle, pour n'y retenir que des dépenses d'argent dont il nous est réclamé ample compensation.

Nous ne pouvons pas nous dissimuler d'ailleurs qu'en adoptant un principe aussi froidement égoïste, appelé à consommer la ruine économique de la France victorieuse, les Gouvernements intéressés viennent de créer un précédent d'autant plus fâcheux qu'il pourra être invoqué plus tard et réalisé peut-être dans ses plus dangereuses conséquences sociales à l'encontre de ces intérêts matériels dont ils font aujourd'hui leur unique préoccupation.

Il y a là pour notre pays une épreuve douloureuse qui nous

aurait sans doute été épargnée si nos concitoyens avaient su conserver entre eux cette union nécessaire, de manière à ne pas donner au monde le spectacle de ces dissensions intestines que les uns contemplent avec une sympathie attristée, d'autres avec une condescendance détachée, sinon même avec une satisfaction inavouée.

C'est donc bien là, comme je le disais tout à l'heure, un devoir incombant à chacun de nous que de consacrer tous ses efforts au rétablissement de cette union compromise, si nous ne voulons pas rester les vaincus de la paix après avoir été les vainqueurs de la guerre, alors que l'expérience présente nous montre une fois de plus que dans une nation divisée contre elle-même une pareille défaite peut devenir plus désastreuse encore que la défaite militaire, et nos ingénieurs, forts de l'autorité qui s'attache à leur science et à leurs travaux, sont particulièrement qualifiés pour s'en acquitter utilement, car ils comptent vraiment parmi les dirigeants les mieux appréciés de notre société présente.

L'histoire nous enseigne d'ailleurs que les découvertes scientifiques et les progrès techniques ont toujours exercé une répercussion marquée sur les mœurs et même sur les idées morales des contemporains ; nous ne saurions oublier que dans l'antiquité romaine l'ingénieux technicien qui réussit le premier à édifier un pont par-dessus les torrents ou les ravins imposa son nom au guide moral écouté, au *pontife* vénéré des populations dont il était l'animateur, et si, aujourd'hui, nos Ingénieurs, ne peuvent plus retrouver un prestige moral aussi indiscuté, il n'est pas moins vrai cependant qu'ils restent souvent encore pour nos contemporains des conseillers écoutés, en même temps qu'ils sont leurs intermédiaires obligés dans les rapports réciproques du patronat et de la classe ouvrière, du capital et du travail.

Il n'est d'ailleurs pas douteux que les questions d'ordre économique et social prendront à l'avenir, dans nos préoccupations une influence toujours croissante qui aura sans doute son écho obligé dans les travaux d'une Société comme la nôtre.

Il ne m'appartient certainement pas d'insister ici sur cette action sociale que nos Collègues tiennent à honneur de pratiquer dans les établissements industriels dont ils ont la direction ; mais, puisque notre cher Président, M. G. Hersent, a bien voulu rappeler tout à l'heure que je me suis occupé de philosophie scientifique, vous me permettrez d'y revenir un instant pour m'attacher plus spécialement à un autre mode d'action, non moins fécond, qu'ils peuvent exercer en même temps au point de vue intellectuel pour le rétablissement de l'union entre nos concitoyens.

Nous comptons, en effet, parmi eux de nombreux groupements, des familles spirituelles, qui se réclament d'idéals distincts, et, si, au temps de la grande guerre, chacun d'eux a su tirer de ces idéals divers des motifs de collaboration sincère et désintéressée pour le salut de la Patrie en danger, il arrive trop souvent qu'ils n'en retiennent plus aujourd'hui que des théories contradictoires qu'ils veulent imposer autour d'eux, comme s'il s'agissait de vérités scientifiques, échappant à toute contestation.

C'est alors que l'influence de nos Ingénieurs peut devenir particulièrement bienfaisante pour empêcher ces discussions néfastes s'ils savent montrer, au contraire, que ces principes opposés, basés trop souvent sur des abstractions dédaigneuses de la réalité des faits et qui, du reste, ne sont pas toujours désintéressées, ne peuvent jamais nous apporter qu'une expression imparfaite de la vérité absolue, car l'esprit humain ne saurait embrasser celle-ci dans sa plénitude, mais nous en retenons seulement un aspect particulier, conditionné en quelque sorte par le point de vue spécial qui nous est propre.

Permettez-moi de vous citer à cet égard un petit apologue qui me paraît donner une image bien frappante de l'erreur scientifique que nous commettons ainsi.

Des enfants qui se sont réfugiés sous un arbre pendant l'orage aperçoivent une goutte d'eau suspendue au feuillage et illuminée d'un rayon de soleil qui est venu s'y réfracter. Chacun d'eux la voit alors sous une couleur différente, déterminée d'après le poste d'observation qu'il occupe, et, plutôt que de faire l'effort d'en changer pour essayer de découvrir l'explication cachée de divergences aussi étranges, il préfère incriminer ses compagnons qui ont une vision différente de la sienne.

N'est-il pas permis de penser que, dans nos discussions intestines, nous imitons un peu la présomption de ces enfants ignorants lorsque nous voulons condamner sans examen les conceptions autres que les nôtres et lorsque nous refusons de comprendre que, en dépit de leur contradiction apparente, ces conceptions doivent renfermer cependant des parcelles de vérité qu'une intelligence plus vaste que la nôtre saurait concilier sans doute dans une synthèse harmonieuse, comme il arrive pour ces couleurs divergentes dans lesquelles nos yeux avertis savent reconnaître maintenant les éléments constitutifs de la mystérieuse blancheur du rayon solaire.

Observons d'ailleurs que la science elle-même n'hésite pas à proclamer son impuissance à dégager la raison profonde des phénomènes naturels dont elle étudie les lois, et les théories successives qu'elle imagine pour les représenter ne sont toujours à ses yeux que des hypothèses temporaires dont l'intérêt résulte moins de l'explication immédiate qu'elles apportent que de l'interprétation plus générale et plus compréhensive dont elles sont susceptibles; nous devons même reconnaître aujourd'hui que la géométrie elle-même, cette science de l'absolu par excellence, n'échappe pas à cette infirmité originelle, car elle voit maintenant, elle aussi, et contre toute attente, ses postulats fondamentaux remis en discussion.

Ainsi donc, c'est bien la science elle-même qui nous invite surtout à rechercher dans les doctrines opposées, les parts de vérité qu'elles peuvent renfermer, et c'est le rôle de nos ingénieurs qui en sont les disciples obligés, d'appuyer en son nom, comme ils le font déjà pour les questions économiques et sociales, les conclusions d'accord intellectuel et d'union nationale qu'elle en dégage.

En s'associant ainsi, par tous les moyens d'action dont ils disposent, à l'effort commun qui s'impose à tous les Français, nos ingénieurs contribueront, pour une large part, au développement de l'activité nationale dans toutes ses branches, ils aideront au relèvement moral et aussi à la sécurité de la France si intimement rattachée à la prospérité de ses industries, comme c'est le cas en particulier pour cette fabrication de blindages dont nous venons de résumer l'histoire; et dès lors, nous pouvons avoir pleine confiance qu'à travers les difficultés de l'ère nouvelle qui s'est ouverte avec la grande guerre, ils réussiront néanmoins, et avec eux notre Société, à conserver et maintenir l'autorité éminente que nos prédécesseurs se sont acquise au siècle passé devant l'opinion mondiale par l'importance de leur contribution aux merveilleuses découvertes et aux grandes entreprises qui ont transformé notre civilisation contemporaine. (*Vifs applaudissements.*)

DISCOURS DE M. L. BACLÉ

PRÉSIDENT DE LA SOCIÉTÉ DES INGÉNIEURS CIVILS DE FRANCE

prononcé à la séance du mercredi 20 janvier 1926

M. L. Baclé, Président de la Société des Ingénieurs Civils de France, prononce l'allocution suivante :

Monsieur le Président de la République,

Il y a maintenant un siècle écoulé, un jeune savant français formulait deux principes de mécanique, restés insoupçonnés jusque-là, qui allaient marquer le début d'une ère nouvelle, non seulement dans l'histoire de la science pure ou appliquée, mais aussi dans l'évolution de la pensée humaine.

C'est en ces propres termes que le Dr Michaël Pupin, professeur d'Electro-Mécanique à l'Université américaine de Columbia, et savant universellement respecté dans son pays, inaugurait la manifestation solennelle organisée en décembre 1924, par l'ensemble des Sociétés américaines, scientifiques ou techniques, pour célébrer le centenaire de la publication des *Réflexions sur la puissance du feu.*

Dans cet ouvrage, passé alors à peu près inaperçu, Nicolas-Léonard Sadi Carnot présentait, en effet, pour la première fois, des considérations toutes nouvelles qui, traduites plus tard en formules précises, ont fourni les deux grands principes fondamentaux de la thermo-dynamique actuelle qu'il avait ainsi découverts par une sorte d'intuition géniale ; il y montrait qu'au point de vue de son action mécanique dans le moteur qu'il actionne, le flux de vapeur doit être assimilé à un véritable courant d'eau dont l'énergie utilisable est nécessairement limitée par sa hauteur de chute, quel que soit le mode d'utilisation adopté, comme celle du flux de vapeur l'est de son côté par l'abaissement de température réalisé dans le moteur.

Il en concluait que la production par le flux de vapeur d'un travail quelconque s'accompagnait toujours nécessairement de la perte d'une quantité correspondante de chaleur que le travail inverse devait restituer intégralement suivant un cycle fermé ramenant le système considéré à son état initial, et le travail utile maximum qu'on pouvait ainsi obtenir dépendait exclusivement des températures extrêmes correspondantes, initiale et finale, sans qu'il soit besoin de tenir compte des états intermédiaires.

En évoquant ces deux grands principes aujourd'hui incontestés, à l'appui de la déclaration solennelle que je viens de rappeler, le savant américain, interprète en cela des sentiments unanimes de tous les Ingénieurs ou savants de son pays, attestait par là même la haute valeur de la découverte de notre illustre compatriote et il montrait en même temps qu'elle s'étendait bien au-delà de cette question des machines à feu dont elle fixait les conditions nécessaires, car elle apportait des vues nouvelles particulièrement suggestives, susceptibles d'embrasser dans leur généralité tous les phénomènes physiques, d'assigner peut-être le sens de l'évolution de l'univers et, par suite, d'éclairer d'un jour imprévu, suivant l'expression antique, nos conceptions modernes sur la philosophie de la nature.

Nicolas-Léonard Sadi Carnot était le fils du grand Conventionnel qui avait été, sous la première République, l'organisateur de la victoire, il portait un nom déjà illustre dans notre histoire nationale, mais il était encore bien jeune, âgé seulement de 28 ans, lorsqu'il publia son immortel travail et il ne jouissait pas dans le monde savant de l'autorité personnelle qui lui aurait été nécessaire pour faire adopter ces conceptions alors complètement nouvelles qui restèrent donc ignorées de ses contemporains, et lorsqu'il mourut, 8 ans après, il n'avait même pas eu cette suprême consolation d'entrevoir au moins les signes précurseurs du succès triomphal qui devait les consacrer dans l'avenir.

Ce succès se dessina seulement lorsque les grands physiciens de l'époque, et à leur tête Sir William Thomson, qui devint plus tard Lord Kelvin, voulurent établir la théorie de la machine à vapeur en créant la science thermo-dynamique dont ils firent une branche de la mécanique rationnelle; ils furent ainsi amenés, par l'enchainement des considérations théoriques appuyées, en outre, sur l'observation des faits, à poser à la base de la science nouvelle les lois fondamentales qu'avait formulées Carnot 30 ans auparavant.

Les Ingénieurs mécaniciens y trouvèrent aussitôt les éléments nécessaires au calcul des appareils moteurs des types les plus divers utilisant sous une forme quelconque l'énergie interne de la vapeur ou des gaz chauds, soit les moteurs à vapeur à mouvement alternatif ou circulaire, les moteurs à gaz à explosion ou à combustion interne, les turbines, etc., et nous pouvons dire dès lors, que Léonard Carnot nous apparait bien comme l'initiateur du merveilleux développement industriel qui a caractérisé la seconde moitié du siècle dernier et dont les moteurs mécaniques ont été les principaux facteurs.

En dehors de nos moteurs industriels, les principes de Carnot trouvaient même leur application dans l'étude et l'explication des grands phénomènes naturels, montrant ainsi qu'il s'agissait bien d'une loi générale du monde physique : la goutte d'eau que l'évaporation solaire a soulevée sur les flots de la mer pour l'amener dans les nuages d'où elle retombe ensuite à la surface des continents pour descendre de là dans l'océan, décrit un cycle réversible comme la molécule d'oxygène ou de carbone passant alternativement du monde minéral à la vie organique à travers une série de combinaisons incessantes continuellement rétablies ou brisées, toutes deux obéissent aux lois de Carnot qui embrassent, en effet, tous les modes d'actions par lesquels se manifeste l'énergie interne de l'univers.

Nous pouvons apprécier par là toute la fécondité de l'œuvre de Carnot, et si encore aujourd'hui, elle est trop souvent ignorée de la plupart de nos contemporains, c'est un devoir qui s'imposait tout particulièrement à notre Société, organe désigné du Génie Civil, que de commémorer à notre tour la mémoire du glorieux ancêtre dont les Ingénieurs sont tous, à des titres divers, les disciples obligés.

Nous avons donc organisé à cet effet cette manifestation solennelle que les membres de cette illustre famille Carnot ont bien voulu honorer de leur présence et, comme il s'agit vraiment d'une cérémonie nationale, nous avons obtenu immédiatement le concours des représentants les plus qualifiés des autorités civiles et militaires, aussi bien que de la science et de la technique françaises, qui ont bien voulu se joindre à nous pour rehausser l'éclat de cette réunion patriotique, et nous ne saurions trop les en remercier. C'est ainsi que nous sommes heureux et fiers de saluer les représentants des grandes Écoles d'Ingénieurs et des grandes Sociétés techniques, et tout spécialement la délégation de l'Académie des Sciences, comprenant en particulier les deux personnalités éminentes qui ont bien voulu nous apporter leur concours d'orateurs, afin de montrer devant cette réunion, avec l'autorité qui leur appartient, l'importance que prennent les principes de Carnot dans l'explication des grandes lois de la nature.

C'est ainsi que vous allez entendre un grand Savant, digne continuateur d'un nom déjà illustre, qui veut bien nous exposer la genèse de cette science nouvelle de la thermodynamique en nous montrant qu'elle repose tout entière sur les principes de Carnot.

Après M. Daniel Berthelot, vous entendrez un Maître, dont le nom fait également autorité dans le monde savant de tous les pays civilisés, car il a su, lui aussi, à l'exemple de Carnot, formuler des lois qui ont reculé les limites de nos connaissances de la nature, M. Henri Le Chatelier nous exposera à son tour comment les principes de Carnot s'étendent au delà de la mécanique proprement dite, pour embrasser les autres modes de l'énergie et spécialement l'énergie chimique.

De votre côté, vous avez bien voulu, M. le Président, et avec vous MM. les Ministres, dont les Départements comprennent des services techniques, contribuer pour votre part à l'éclat de cette cérémonie commémorative, puisque vous êtes venu y associer la France entière par la présence de son premier Magistrat, accompagné des principaux membres du Gouvernement, et nous conserverons avec fierté dans nos annales le souvenir de cette journée au cours de laquelle il a été donné à notre Société de saluer, au nom de la Science et de la Patrie, l'œuvre de notre glorieux compatriote, dans lequel la reconnaissance unanime des Savants du monde entier admire aujourd'hui l'un de ces grands précurseurs qui jalonnent l'histoire de l'humanité poursuivant sa marche incessante vers la solution toujours fuyante de l'énigme éternelle de l'univers.

IMPRIMERIE CHAIX, RUE BERGÈRE, 20, PARIS. — 2385-2 26. — (Encre Lorilleux).

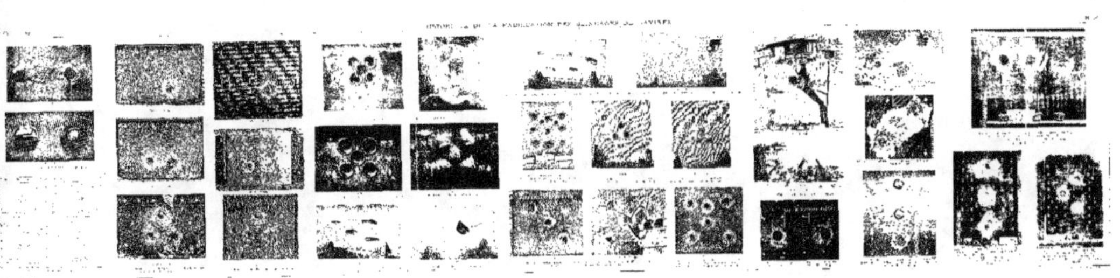

www.ingramcontent.com/pod-product-compliance
Lightning Source LLC
LaVergne TN
LVHW050220180726
843501LV00013BA/2173

* 9 7 8 2 3 2 9 6 5 8 8 0 3 *